El Manual de Resistencia Mental:

Cómo Construir Resistencia Mental y Autodisciplina para Enfrentar los Desafíos de la Vida. ¡15 Estrategias Poderosas para Cambiar tu Mentalidad!

Table of Contents

Table of Contents 2

Introducción 7

Capítulo 1: ¿Fortaleza Mental? 10

Capítulo 2: Conviértete en Fuerte Mentalmente 16

    Tomar una decisión 17

    Sé consistente 18

    Ten cuidado con tu diálogo interno. 19

    Determinar lo que puedes y no puedes hacer 20

    Voluntad de abordar primero las cosas difíciles 21

    Sé muy receptivo. 21

    Esperar dolor 22

    Divida las tareas difíciles en partes fáciles de entender. 22

    Saber cómo manejar el estrés 23

Capítulo 3: Ejercicios de Resistencia Mental .. 25

    Cree su declaración de fortaleza mental 25

    Me+ 50 Actividades 26

    Auto-Talk Remix 27

    ¿Qué hay debajo? 28

    Gestionando expectativas 29

    Meditar, Meditar, Meditar. 31

    Visualización y Simulación 32

    Repensando el fracaso 32

    Consigue un terapeuta. 33

- Contador de tiempo 34
- Leer más 35
- Crear tu lista de citas 35
- Encuentra tu ayuda de responsabilidad 36
- Autocuidado y Manejo del Estrés 36
- Desarrolle su inteligencia emocional y autoconciencia 37
- Refuerza tus debilidades. 38

Capítulo 4: 15 Consejos de Personas Mentalmente Fuertes 39

Capítulo 5: Desafío de Resistencia Mental de 7 Días 46

Capítulo 6: Mentalmente Fuerte en tu Vida Diaria 53

- Escenarios matrimoniales 54
  - Escenario 1 55
  - Escenario 2 56
  - Escenario 3 58
- Escenarios de crianza 60
  - Escenario 1 60
  - Escenario 2 62
  - Escenario 3 64
- Escenarios de trabajo 66
  - Escenario 1 66
  - Escenario 2 68
  - Escenario 3 69
- Escenarios familiares 71
  - Escenario 1 71
  - Escenario 2 73

  Escenario 3 75
 Escenarios de dinero 76
  Escenario 1 77
  Escenario 2 78
  Escenario 3 79
 Escenarios del día a día 81
  Escenario 1 81
  Escenario 2 82
  Escenario 3 84
 Visualizando escenarios cotidianos. 85
Conclusión 91

© Derechos de autor 2024 por Robert Clear - Todos los derechos reservados.

Este libro se proporciona con el único propósito de brindar información relevante sobre un tema específico para el cual se ha hecho todo esfuerzo razonable para garantizar que sea preciso y razonable. Sin embargo, al comprar este libro, usted consiente en el hecho de que el autor, así como el editor, no son de ninguna manera expertos en los temas contenidos en él, independientemente de cualquier afirmación como tal que pueda hacerse. Por lo tanto, cualquier sugerencia o recomendación que se haga en él se hace únicamente con fines de entretenimiento. Se recomienda que siempre consulte a un profesional antes de llevar a cabo cualquiera de los consejos o técnicas discutidos en él.

Esta es una declaración legalmente vinculante que es considerada válida y justa tanto por el Comité de la Asociación de Editores como por la Asociación de Abogados de América y debe ser considerada como legalmente vinculante dentro de los Estados Unidos.

La reproducción, transmisión y duplicación de cualquier contenido encontrado en este documento, incluyendo cualquier información específica o extendida, se considerará un acto ilegal sin importar la forma final que la información tome. Esto incluye versiones copiadas del trabajo tanto físicas, digitales y de audio a menos que se cuente con el consentimiento expreso del Editor con anticipación. Se reservan todos los derechos adicionales.

Además, la información que se puede encontrar en las páginas descritas a continuación se considerará precisa y veraz en lo que respecta a la narración de hechos. Por lo tanto, cualquier uso, correcto o incorrecto, de la información proporcionada eximirá al Editor de responsabilidad en cuanto a las acciones tomadas fuera de su ámbito directo. Sin embargo, no hay escenarios en los que el autor original o el Editor puedan considerarse responsables de ninguna manera por los daños o dificultades que puedan resultar de la información discutida aquí.

Además, la información en las siguientes páginas está destinada únicamente con fines informativos y, por lo tanto, debe considerarse universal. Como corresponde a su naturaleza, se presenta sin garantía sobre su validez prolongada o calidad interina. Las marcas comerciales que se mencionan se hacen sin consentimiento por escrito y de ninguna manera pueden considerarse un respaldo del titular de la marca comercial.

Introducción

¡Felicidades por descargar Mental Toughness y gracias por hacerlo!

Los siguientes capítulos discutirán todo lo que necesitas saber sobre cómo volverte mentalmente fuerte. Ya sea que quieras ser más fuerte y más elegante en la forma en que manejas las decepciones de la vida, o quieras desarrollar tu mente ya fuerte, ¡los siguientes capítulos te ayudarán a lograrlo! Este libro está escrito en un formato fácil de entender, para que puedas comprender los conceptos y aplicarlos de manera efectiva en tu vida. ¡Los temas de los capítulos incluyen lo siguiente:

En el Capítulo 1, se discutirán todas las cosas relacionadas con la fortaleza mental. Aprenderás qué es y qué no es. En el Capítulo 2, se prestará atención a lo que puedes hacer para volverte mentalmente fuerte. La diversión comienza en el Capítulo 3, momento en el que aprenderás cómo ejercitar ese músculo de la fortaleza mental. Se darán ejercicios fáciles, simples y prácticos para ayudarte a mejorar tu fortaleza mental y enfoque a lo largo del capítulo. Este capítulo también es excelente para crear una base sólida que te ayude a volverte mentalmente fuerte sin importar lo que la vida te presente. El Capítulo 4 ofrece excelentes consejos de personas con fortaleza mental, para que puedas emular su éxito y escuchar lo que tienen que decir.

En el Capítulo 5, tendrás la oportunidad de participar en el desafío de 7 días de resistencia mental. ¡Este desafío se trata de ayudarte a comenzar tu viaje de resistencia mental! ¡Algunas de las tareas durante este viaje pueden hacerte sentir incómodo, pero eso está bien! Todas son un paso importante para ayudarte a convertirte en una persona mentalmente fuerte. El Capítulo 6, el último capítulo, destaca formas en las que puedes ser mentalmente fuerte en tu vida diaria. Cubre escenarios comunes que pueden ocurrir en el trabajo, en tus relaciones de amistad y familia, durante una crisis y otras situaciones cotidianas. La parte divertida de este capítulo te ayuda a usar algunas de las habilidades aprendidas en capítulos anteriores para prepararte para el éxito en la resistencia mental.

¡En última instancia, este libro está repleto de consejos, recomendaciones, ayuda e información para apoyarte en alcanzar tus metas de fortaleza mental! ¡No puedo esperar a escuchar sobre todos los éxitos que has logrado al leer este libro. Supongo que me apartaré y te dejaré empezar a leer!

¡Hay muchos libros sobre este tema en el mercado! ¡Gracias de nuevo por elegir este! Se hizo todo el esfuerzo posible para asegurar que esté lleno de la mayor cantidad de información útil. ¡Por favor, disfrútelo!

Capítulo 1: ¿Fortaleza Mental?

Fortaleza mental. Escuchamos sobre ella todo el tiempo, desde líderes espirituales hasta políticos y comentaristas deportivos, sobre cómo las personas necesitan ser mentalmente fuertes. Si quieres tener una vida exitosa, entonces ser mentalmente fuerte es un tema común que surge una y otra vez. Pero, antes que nada, ¿qué es la fortaleza mental?

La dureza mental simplemente es poder superar obstáculos en la vida siendo perseverante y capaz de seguir adelante sin importar cuán difíciles sean las circunstancias que te rodean o qué contratiempos puedas encontrar. Ser mentalmente fuerte requiere dedicación para seguir adelante hacia tu objetivo, poniendo tu mente en hacer lo que te propones y sin titubear. Otros términos que puedes haber escuchado al referirte a la dureza mental pueden incluir a un atleta "entrando en la zona" o siendo un jugador clave cuando se trata de deportes. Otras palabras para describirlo podrían ser alguien con determinación o resiliente. Los atletas, personas en negocios (especialmente ventas y administración), personas en el ejército o cualquier persona con un trabajo de alta tensión suelen ser considerados mentalmente fuertes. Muchos líderes exitosos también se consideran mentalmente fuertes para lograr cosas fenomenales.

Durante la década de 1980, en el campo de la Psicología del Rendimiento, comenzó a estudiarse un concepto conocido como la fortaleza mental. Este campo de la psicología se conoció como psicología del deporte y se trata de ayudar a los atletas a alcanzar su máximo potencial ajustando sus habilidades mentales para que puedan lograr cosas excepcionales. Vince Lombardi, ex jugador profesional de fútbol americano, es considerado el padrino de la fortaleza mental debido a su récord ganador y su estándar de excelencia; pero, ser mentalmente fuerte no se trata solo de ganar. Este campo de estudio ayudó a personas extremadamente talentosas a seguir siendo exitosas una vez que alcanzaron sus capacidades físicas. ¿Cuál sería la mejor manera de seguir adelante? Aquí es donde entra en juego la fortaleza mental. Te ayuda a desafiar tus limitaciones físicas y entrena tu cerebro para seguir adelante y alcanzar tus metas personales a pesar de los obstáculos aparentemente insuperables que te rodean. Ser mentalmente fuerte es algo que surge durante circunstancias extremas; sin embargo, existen algunos pasos fundamentales que puedes seguir para volverte más fuerte mentalmente.

La forma más fácil de determinar tu nivel de fortaleza mental es recordar lo que sucede cuando te encuentras en situaciones difíciles.

(Lo bueno de este libro es que no tienes que decirlo en voz alta, solo puedes pensarlo). ¿Normalmente te detienes cuando las cosas se ponen difíciles? ¿Encuentras una forma de culpar a otras personas si las cosas no salen como esperabas? ¿O sigues adelante sin importar cuál sea la situación? Dependiendo de cuál sea tu respuesta, puedes determinar si al menos eres un poco fuerte mentalmente o no lo eres. Lo bueno es que, sin importar cuál sea tu respuesta, siempre puedes mejorar tu fuerza mental. Pero antes de llegar a eso, ¿cuáles son los pasos fundamentales que puedes tomar para aumentar tu fortaleza mental? Sigue leyendo para descubrir más.

El primer paso para ayudarte a ser más fuerte mentalmente es conocer tu tipo de personalidad. Hay muchos tests de tipo de personalidad que puedes tomar para ayudarte a determinar qué tipo de personalidad tienes. A menudo puedes tomar estos tests de forma gratuita, y puedes hacerlo en casa bastante rápido. Es importante conocer tu tipo de personalidad porque entonces puedes determinar qué pasos debes tomar para desarrollar tu fortaleza mental. Un test de personalidad popular es el Test de Tipología de Jung. Una búsqueda en Google también te dará más resultados.

El siguiente paso fundamental que deseas dar es poner en marcha tu mentalidad de emprendedor. Normalmente, los emprendedores se consideran personas que tienden a tener una gran dosis de resistencia mental. El siguiente rasgo de personalidad que deseas comenzar a desarrollar para volverte más resistente mentalmente es ser más consciente de ti mismo. Cuando eres consciente de ti mismo, puedes eliminar tus sesgos en una situación y mirarla con la mente abierta. Puedes analizar un escenario y descubrir por qué hiciste algo separando tus emociones de la situación. En otras palabras, puedes comenzar a mirar las situaciones de manera objetiva. Luego puedes pensar en maneras en las que harías algo diferente para ayudarte a desarrollar tu resistencia mental. No te preocupes, hablaremos más sobre esto en los siguientes capítulos.

A continuación, querrá saber si es una persona optimista o pesimista. ¿Avanza en la vida porque es optimista sobre las oportunidades futuras? ¿O avanza en la vida porque quiere evitar resultados negativos? Ambos factores son motivadores importantes y saber cuál es usted va a ser muy importante en cómo entrena su cerebro para ser mentalmente fuerte.

Otro aspecto fundamental importante de ser mentalmente fuerte es conocerte a ti mismo. Esto es similar a ser consciente de uno mismo, excepto que no tienes que preocuparte por factores externos. Cuando te conoces a ti mismo, puedes determinar por qué haces algo o cuál es tu motivación para tus metas personales. ¿Cuál es tu motivación o qué ves como tu propósito personal en tu vida? Saber quién eres y por qué haces algo es una parte integral de ser mentalmente fuerte.

En la misma línea, también es importante poder reflexionar sobre tu infancia. Al hacerlo, puedes darte cuenta de que las cosas que ocurrieron en tu infancia te están afectando ahora y tal vez puedas corregir algunas de esas creencias que te están limitando.

Ahora que sabemos qué es la fortaleza mental y las consideraciones fundamentales en las que debes reflexionar antes de comenzar tu viaje hacia la fortaleza mental, cambiaremos ahora de enfoque a lo que la fortaleza mental no es.

La fortaleza mental no es a corto plazo; es una búsqueda de por vida. No me malinterpretes. Puedes usar la fortaleza mental para alcanzar objetivos a corto plazo, pero es una habilidad a la que puedes recurrir una y otra vez. No es algo eventual. La capacidad de ser constantemente fuerte mentalmente es una verdadera determinación de si tienes o no el músculo de la fortaleza mental. Pero al igual que cualquier músculo o habilidad, cuanto más lo uses, mejor te volverás en ello.

La fortaleza mental no es para los débiles de mente, pero los débiles de mente pueden usarla. Si eres mentalmente fuerte, inherentemente no eres débil. Puedes ser fuerte físicamente y aún así tener fortaleza mental. No es únicamente para las personas que son fuertes físicamente. La noticia aún mejor es que la fortaleza mental es una habilidad que incluso aquellos que no han necesitado ser mentalmente fuertes pueden desarrollar.

Por último, la fortaleza mental no se compra. Hay algunas habilidades que puedes comprar como ayuda extra para asistirte en tu casa, como una empleada doméstica o una persona de mantenimiento. Incluso puedes comprar los servicios de un peluquero, barbero o técnico de uñas. También hay algunos activos que puedes comprar como partes del cuerpo, autos, casas y más activos físicos. Sin embargo, la fortaleza mental no es uno de los servicios o activos que se pueden comprar. Tienes que trabajar para conseguirla. Para aprovechar al máximo tu vida, necesitas ser mentalmente fuerte. No hay "si", "pero" ni "quizás" al respecto.

El resto del libro se centrará en cómo se ve la fortaleza mental en un estilo de vida vivido y cómo desarrollar este rasgo tan importante.

Capítulo 2: Conviértete en Fuerte Mentalmente

Si crees que ser mentalmente fuerte es extremadamente difícil de lograr, no estás del todo en lo cierto, pero tampoco estás completamente equivocado. Este capítulo destacará cómo puedes volverte mentalmente fuerte. Piensa en cada paso para volverte mentalmente fuerte como un peldaño en una escalera. Para llegar a la cima de la escalera, necesitas subir cada paso para llegar a la cima, así que cuanto más peldaño subas, más cerca estarás de llegar a la cima. Sin embargo, debes subir completamente cada paso para alcanzar con éxito la cima.

¿Por qué quieres ser mentalmente fuerte? El camino para ser mentalmente fuerte no va a ser fácil. Te vas a encontrar con muchos contratiempos y desafíos en el camino para desarrollar esta habilidad que pondrá a prueba tus límites. Entonces, antes de empezar, debes saber por qué quieres ser mentalmente fuerte. ¿Es porque estás tratando de ganar una competencia olímpica? ¿Es porque quieres impresionar a tus padres y demostrar que eres responsable? ¿O es porque quieres cumplir otros objetivos personales, financieros, mentales o espirituales? Sea cual sea tu razón para volverte mentalmente fuerte es tu motivo personal, pero asegúrate de que esta razón se base en tus metas personales, creencias y deseos y no en los de los demás. Si tu decisión se basa en la influencia u opinión de otras personas, este camino no te ayudará cuando realmente lo necesites. Debes enfocarte en qué tipo de persona eres ahora, quién quieres ser y la importancia de ser mentalmente fuerte para lograr esa meta.

Tomar una decisión

Este es el primer paso para volverse mentalmente fuerte. Tienes que decidir ser mentalmente fuerte. Esta decisión es clara y cuando decides que quieres ser mentalmente fuerte, lo lograrás. Para subir el primer escalón, necesitas tomar la fácil decisión de "Hey, quiero ser mentalmente fuerte". Una vez que tomas esa decisión, todo lo demás debería encajar. Una vez que tomas esa decisión, sabes y aceptas que no será fácil. Cuando empieces, debes esperar ciertas dificultades, así que cuando lleguen, no te afectarán al punto de querer rendirte. Si fuera fácil ser mentalmente fuerte, entonces todos lo harían. Sé que es un cliché, pero es cierto. Por lo tanto, el primer peldaño nuevamente es decidir ser mentalmente fuerte y luego no esperar que el camino hacia la fortaleza mental sea fácil.

Sé consistente

El siguiente paso para convertirse en mentalmente fuerte es ser consistente. Dado que ya sabes que quieres ser mentalmente fuerte, tendrás que ser consistente en esa búsqueda. Esto significa que sin importar lo que esté sucediendo a tu alrededor, debes hacer lo mismo todos los días. Si estás tratando de desarrollar tu fortaleza mental para alcanzar un objetivo personal, esto significa que trabajarás en tus ejercicios de fortaleza mental con intensidad. En otras palabras, significa que harás el trabajo con intensidad todos los días. Si estás tratando de desarrollar tu fortaleza mental en el ámbito deportivo, eso significa que debes practicar como si fueras a jugar en el partido, lo que implica que debes esforzarte y ser intenso en todo momento en la práctica, para que no te sorprendas cuando estés en el juego real. Si estás en el campo de las ventas, eso significa que haces tu llamada de venta con la misma profesionalidad e intensidad todos los días como si cada llamada telefónica fuera a ser una venta. Este compromiso de ser consistente es el siguiente paso para ser mentalmente fuerte. Ser consistente significa que si te encuentras en una situación difícil que pone a prueba tu crecimiento o te impide realizar tu trabajo, encontrarás una forma de superar ese desafío y ser consistente sin importar la negatividad o las dificultades que te rodeen. Busca la excelencia en todo lo que hagas.

Ten cuidado con tu diálogo interno.

El siguiente paso que quieres dar en tu camino hacia ser mentalmente fuerte es ser consciente de tu diálogo interno. Cuando las cosas se ponen difíciles, ¿eres rápido para desanimarte? ¿Utilizas palabras como no puedo, no sé, nunca podré hacer eso, u otras palabras negativas en tu vocabulario? ¿Eres rápido para desear no estar haciendo lo que estás haciendo cuando surge una situación desagradable? ¿Te dices cosas negativas? ¿O te animas a ti mismo? ¿Eres también amable y gentil contigo mismo? ¿Te dices a ti mismo que sigas adelante sin importar cuáles sean las probabilidades? Si respondiste que hablas negativamente contigo mismo, debes parar. Tu diálogo interno debe cambiar de negativo a positivo. Para volverte mentalmente fuerte, debes decirte a ti mismo cosas positivas. Este pensamiento positivo te ayuda a seguir adelante cuando las cosas parecen que van a fallar. Aquellos que piensan de forma positiva pueden tener éxito porque creen que pueden.

En el mismo sentido, las personas mentalmente fuertes piensan en positivo, pero no se exceden en pensar demasiado. A veces, puedes perder el enfoque en la tarea en cuestión cuando piensas demasiado. El pensamiento excesivo se convierte en diálogo interno negativo, y vuelves al lugar negativo en el que estabas antes. Pensar en exceso te impide avanzar porque estás demasiado ocupado pensando en vez de actuar. Las personas mentalmente fuertes toman decisiones con confianza y se adhieren a ellas. Una vez que toman esa decisión, piensan positivamente sobre el resultado y toman los pasos necesarios para ayudarles a avanzar hacia sus objetivos.

Determinar lo que puedes y no puedes hacer

El siguiente escalón para alcanzar la fortaleza mental es ser capaz de determinar lo que puedes hacer acerca de una situación y lo que no puedes hacer. Esta habilidad para dominar lo que puedes hacer sobre algo y lo que no eres capaz de hacer es una necesidad. Para volverte mentalmente fuerte, debes enfocarte en lo que puedes hacer y no en lo que no puedes hacer en cualquier situación dada. Al prestar atención a lo que puedes hacer, te aseguras de que realmente puedes cambiar la situación al cambiar activamente lo que puedes en lugar de perder tiempo en cosas que no puedes cambiar.

Los Memphis Grizzlies tienen un dicho que dice: "Aquí nos esforzamos." Esto significa que sus equipos de baloncesto siguen jugando duro sin importar quién es el equipo. Pueden jugar contra el peor equipo de la liga y seguirán esforzándose. También jugarán contra el mejor equipo de la liga y seguirán esforzándose. Para ser mentalmente fuerte, también debes esforzarte. Otra forma de decirlo es simplemente perseverar. Esto significa que no importa cuáles sean los obstáculos, sigues adelante. Significa que incluso cuando tu cuerpo te duela y te queda una repetición más, lo haces. Significa que cuando estás cansado y quieres ir a dormir, sigues adelante con este compromiso de esforzarte. El esforzarte fortalece tu músculo de resistencia mental.

Voluntad de abordar primero las cosas difíciles.

Este es el próximo escalón hacia la fortaleza mental, lo que significa que no tienes miedo de manejar situaciones difíciles sin importar cuán incómodas puedan ser. Además, para volverte mentalmente fuerte, debes saber que el fracaso no es malo; de hecho, es algo bueno. Cuanto más falles en tu tarea, más te ayuda a darte cuenta de lo que necesitas hacer para tener éxito. Esta capacidad de pensar en el fracaso de manera positiva es muy importante cuando estás en el camino hacia volverte mentalmente fuerte. Esto te ayuda a darte cuenta de que las personas mentalmente fuertes siguen adelante pase lo que pase. El fracaso solo te ayuda a acercarte un paso más a tu objetivo.

Sé muy receptivo.

El siguiente escalón que querrás dominar es ser muy receptivo. Esto significa que no importa lo que suceda, puedes ajustarte y ser flexible. No estás estancado, y no quieres quedarte de la misma manera. Sabes que lo único constante en la vida es el cambio y estás bien con eso. Para ser mentalmente fuerte, debes ser capaz de fluir con la corriente, cambiar tu plan de juego y estar bien con eso. Si te opones al cambio, tendrás dificultades. Así que prepárate mentalmente para que necesitarás cambiar.

Esperar dolor

Oh, en caso de que no lo haya dicho, déjame decirlo de nuevo. ¡El viaje hacia la fortaleza mental no será fácil! Por lo tanto, el siguiente escalón hacia la cima es esperar dolor. Permíteme repetirlo, el viaje hacia la fortaleza mental no será fácil. Digo esto porque estar en dolor es incómodo y el siguiente escalón hacia la cima es estar bien con sentirse incómodo. A veces, sentirse incómodo es un paso que a nadie le gusta dar, pero tienes que superar este paso para ser mentalmente fuerte.

Divida las tareas difíciles en partes fáciles de entender.

El siguiente y último escalón que debes superar en el camino hacia la fortaleza mental es la capacidad de descomponer tareas difíciles en piezas fáciles de digerir. Si estás entrenando para un maratón, no vas a empezar corriendo

13 millas de una vez. Vas a correr milla por milla. Y el viaje hacia la fortaleza mental es de la misma manera. Cuando estás volviéndote mentalmente fuerte, vas poco a poco hasta que todo se junte. De repente, te das cuenta de que estás manejando situaciones difíciles como un profesional. Otro aspecto importante de este escalón es saber cómo manejar tus expectativas. Al mantener tus expectativas realistas, eres capaz de seguir adelante en lugar de sentirte abrumado por la decepción, la desesperación y el dolor de no alcanzar tus metas tan rápidamente como te gustaría.

Saber cómo manejar el estrés

Por último, cuando eres mentalmente fuerte, sabes cómo manejar el estrés. Este paso es fundamental para ser mentalmente fuerte. Cuando las cosas se ponen difíciles, y sabemos que lo harán, podrás sobrellevar el estrés si sabes cómo manejarlo. Una de mis frases favoritas es que ser mentalmente fuerte no se trata de aguantar, se trata de cómo recargar. ¡Qué cierto es eso! Cuando las cosas son estresantes, está bien tomar un descanso, reagruparse y volver a la tarea. Eso no significa que estés fallando en ser fuerte mentalmente. Simplemente significa que conoces tus limitaciones y estás listo para recargar energías y regresar a la tarea una vez que te hayas reagrupado.

El camino hacia la fortaleza mental va a ser difícil y largo, pero si avanzas poco a poco y desarrollas las habilidades necesarias, serás un profesional mentalmente fuerte antes de lo que piensas.

Capítulo 3: Ejercicios de Resistencia Mental

Este capítulo trata de poner el trabajo en convertirse en mentalmente fuerte. Ahora sabemos cuáles son los pasos que necesitas subir para alcanzar la cima de la escalera de resistencia mental, pero ¿cómo se ve eso en la práctica? Este capítulo te da ejercicios que te ayudarán a desarrollar las habilidades para ser mentalmente fuerte en el capítulo anterior. Esto te ayudará a poder subir la escalera de la resistencia mental mucho más fácilmente que si no los haces. Si un ejercicio parece difícil al principio, está bien porque también se espera. ¡Continúa esforzándote para mejorar en la actividad, y verás los resultados! Así es como funciona la resistencia mental. Sigues avanzando en algo hasta que mejores en ello.

Cree su declaración de fortaleza mental

La primera actividad en nuestro kit de ejercicios de resistencia mental es crear tu declaración de misión. En tu declaración de resistencia mental, deseas incluir algunas preguntas. Primero, considera ¿por qué deseas ser mentalmente resistente? Eso debe ser incluido en tu declaración de resistencia mental. Luego, quieres darte un marco de tiempo o una meta de cuándo deseas ver mejoras en tu resistencia mental para que puedas ver alguna mejora dentro de ese marco de tiempo. Por supuesto, deseas ser realista. En el peor de los casos, si no alcanzas tu objetivo, estás bien con eso. Este documento es un documento vivo, lo que significa que puede cambiar para satisfacer tus necesidades.

Por último, puede que quieras firmar tu declaración de fortaleza mental como si fuera un contrato para que sea legalmente vinculante para ti mismo. Esto te ayudará a ser más responsable por tus acciones. También querrás guardar tu declaración de fortaleza mental en un lugar especial, para que puedas sacarla y mirarla en cualquier momento o incluso ponerla en la pared, para que la veas todo el tiempo. También puedes darle un toque especial a tu declaración sacando tu kit de caligrafía y escribiéndola con tu tinta especial o en papel especial o agregar brillo y purpurina al documento para que realmente destaque.

Me+ 50 Actividades

Esta actividad trata de ayudarte a descubrir la persona que quieres ser. ¿Quién serás en 50 años? ¿De qué color será tu cabello? ¿Qué tipo de ropa usarás? ¿Dónde vivirás? ¿Cómo será tu familia? ¿Qué tipo de trabajo tendrás?

¿Tendrás alguna mascota? ¿Sufrirás de alguna enfermedad? ¿Estarás jubilado o seguirás trabajando? ¡Deja volar tu imaginación! Escribe todo lo que te imaginas siendo a los 50 años, luego verifica si tus acciones diarias te acercan a eso. Si quieres tener un barco pero no sabes cómo comprarlo, entonces investiga. Cuanta más información tengas, más podrás dar los pasos necesarios para alcanzar tus metas.

Auto-Talk Remix

La siguiente actividad está dirigida hacia tu diálogo interno. Una vez que termines esta actividad, el objetivo es ayudarte a tener constantemente más diálogo interno positivo que negativo. Si ya estás haciendo un buen trabajo con tu diálogo interno, está bien. Puedes hacer esta actividad y reforzará tu diálogo interno ya positivo para llevarlo al siguiente nivel. Lo primero que quieres hacer es tomar una hoja de papel y un bolígrafo. Dibuja una línea recta en medio de la página. Luego, en el lado izquierdo, escribe algunas de las frases que dices con tu diálogo interno. Asegúrate de incluir cada cosa negativa que digas incluso si consiste en las palabras no puedo, no lo haré, o no lo hago.

Ahora, en el lado derecho del papel, escribe la versión positiva de ese diálogo interno negativo. Asegúrate de incluir palabras afirmativas positivas como puedo, lo haré y lo hago. Estudia estas frases para que la próxima vez que tu mente comience a decir el diálogo interno negativo, automáticamente reemplace las frases negativas con las positivas que acabas de anotar. Cada vez que te descubras con una frase de diálogo interno negativo, agrégala a la lista. Haz esto cada vez para que puedas empezar a corregirte a ti mismo.

Alternativamente, también puedes cambiar por completo tu diálogo interno y darte uno nuevo. Lo que puedes hacer es crear una lista de afirmaciones. Las afirmaciones son pequeños mantras que te dices a ti mismo todos los días para obtener resultados positivos. Las mismas afirmaciones se pueden aplicar al desarrollo de tu diálogo interno. Algunos mantras que puedes usar son los siguientes: Eres mentalmente fuerte. Puedes superar una situación difícil. Las situaciones no te afectan. Tú eres el dueño de tu destino. Puedes usar estos para empezar o puedes crear los tuyos propios.

¿Qué hay debajo?

Descubrir tus creencias limitadas es el propósito de esta próxima actividad. En esta actividad, debes hacer un viaje por el camino de los recuerdos. ¿Cuáles son dos creencias limitantes que tienes? Una creencia limitante es similar al autodiálogo negativo. Es una creencia que te limita a alcanzar tu pleno potencial. Por ejemplo, una creencia limitante puede ser que 'las personas gordas son perezosas' pero eso puede no ser verdad en absoluto. Otra creencia limitante podría ser que no eres capaz de ganar más de cierta cantidad de dinero porque las personas ricas son el diablo. Todos tenemos creencias limitantes. ¿Cuáles son las tuyas? Escríbelas.

Entonces, regresa a tu primer recuerdo de esta creencia limitante. ¿Cuándo la escuchaste por primera vez? ¿Tienes esta creencia porque alguien te dijo que era verdad? ¿O tienes la creencia limitante debido a algo que observaste en tu vida? Una vez que llegues a la raíz de por qué tienes la creencia limitante, entonces querrás explorar las posibilidades opuestas y alternativas de esta creencia. ¿Es posible que tu creencia limitante no sea verdadera? ¿Cómo sonaría la creencia limitante si fuera diferente? ¿Todavía crees en esa creencia limitante o ha cambiado para ti? Si es así, ¿por qué todavía crees en ella? Si ya no crees en esa creencia limitante, reemplázala con la versión positiva de la creencia limitante. Así que, en lugar de 'Las personas que son millonarias son moralmente corruptas', prueba 'Las personas que son millonarias no son moralmente corruptas'.

Cada vez que tengas una creencia limitante, retrocede en el tiempo e intenta descubrir por qué obtuviste esa creencia limitante. Explora si aún la crees o no, y si no lo haces, piensa en qué puedes hacer para cambiar la creencia limitante a una positiva para que no esté obstaculizando tu vida.

Gestionando expectativas

Todos tenemos objetivos que deseamos lograr. El propósito de esta actividad es dividir tus metas en pequeños pasos accionables. Después de escribir tus creencias limitantes, lo siguiente que deseas anotar son tus expectativas. Las personas mentalmente fuertes manejan sus expectativas y pueden cambiarlas si no se cumplen. ¿Son realistas tus expectativas al escribirlas? Por ejemplo, si deseas ser neurocirujano pero no has ido a la escuela de medicina, esa no es una expectativa realista.

Si quieres correr 13 millas pero ni siquiera has corrido una milla, esa no es una expectativa realista. Asegúrate de que tus expectativas sean realistas. Si las cosas que quieres hacer parecen demasiado grandes, encuentra una manera de dar pasos para que puedas lograr lo que deseas alcanzar. Si no eres consciente de ti mismo y estás trabajando en esa habilidad, entonces puedes acudir a alguien más, como un amigo o un miembro de la familia o alguien en quien confíes, para ver qué piensan sobre tus expectativas. Pero toma lo que digan con precaución para asegurarte que estás siendo fiel a ti mismo. Lo más probable es que te harán saber si estás siendo realista o no con tus metas. Ahora, no estoy diciendo que debas limitar tus metas. Por todos los medios, apunta a las estrellas. Solo ten en cuenta que si tienes metas ambiciosas, puedes esperar tener que trabajar mucho más que si tus metas no son tan ambiciosas. Sea cual sea tu meta, simplemente ábrete a cómo cambiará tu vida y ajusta tu vida en consecuencia.

Meditar, Meditar, Meditar.

La meditación es la siguiente actividad importante en la que deberías comenzar a cultivar el hábito de hacer. Si aún no has empezado, hazlo ahora para estar más en sintonía contigo mismo y ser más receptivo si estás progresando en tus metas o no. Dedica de 10 a 15 minutos para intentar meditar cada día. Asegúrate de que el lugar que elijas sea agradable y tranquilo. Si necesitas crear un lugar especial, por favor hazlo. Una vez encuentres un lugar tranquilo y te hayas asignado tiempo, intenta calmar tus pensamientos ocupados.

Durante este tiempo tranquilo, puedes reflexionar sobre las situaciones que te molestan y cómo manejarlas o meditar sobre los resultados que deseas lograr. Para adquirir el hábito de calmar tus pensamientos, puedes pensar en tu lugar tranquilo favorito. También puedes escuchar música relajante para ayudarte a relajarte. Puedes respirar lentamente para tranquilizarte. Luego, piensa en las cosas por las que has pasado o estás pasando actualmente. A veces, después de una sesión de meditación, puedes darte cuenta de algunas verdades incómodas. Si eso sucede, debes ser capaz de manejar esas verdades adecuadamente no importa cuán incómodas o dolorosas puedan ser.

Si no quieres pensar en tus problemas mientras haces esta sesión de meditación, puedes hacer afirmaciones en su lugar. Todo lo que tienes que hacer es repetirlas una y otra vez hasta que empieces a ver que tu diálogo interno refleja eso. ¡Créeme, una vez que empieces a meditar, verás la diferencia en tu fortaleza mental!

Visualización y Simulación.

La visualización es similar a la meditación, excepto que cuando visualizas algo en lugar de simplemente pensar en lo que estás atravesando, realmente lo imaginas en detalle. Por ejemplo, si estás visualizando que algún día serás dueño de una casa, en esta técnica, realmente imaginas cómo es la casa. ¿Cuándo fue construida? ¿Cómo está decorada por dentro? ¿Cómo lucen el jardín y el patio trasero? ¿Quiénes son tus vecinos? Intenta visualizar lo que quieres lograr de la manera más detallada y específica posible. Trata de mantenerlo lo más detallado posible para que puedas verlo cobrar vida. Además, trata de que tus visualizaciones sean lo más positivas y realistas posible.

Repensando el fracaso

Replantear el fracaso es la próxima actividad. Piensa en algunos de tus fracasos recientes. En lugar de centrarte en por qué no funcionó, piensa en todas las cosas que has aprendido del fracaso. Al enfocarte en el conocimiento que obtuviste de la tarea, puedes intentar los nuevos y mejorados pasos la próxima vez que intentes la misma tarea. Este compromiso de examinar lo que fue exitoso en tus acciones y lo que no fue exitoso, así como lo que puedes hacer para mejorar, te ayudará a ser mentalmente fuerte.

Consigue un terapeuta.

Esta próxima actividad puede costarte algo de dinero pero puede valer la pena. Si sientes que estas actividades son abrumadoras o están provocando pensamientos que te llevan a sentir que necesitas ayuda para explorarlos, puedes comunicarte con un terapeuta. Algunos terapeutas no les importa ayudarte a enfrentar tus pensamientos y descubrir maneras de volverte mentalmente fuerte. Si tienes seguro, a veces forma parte de la cobertura en la póliza de seguro. Puedes verificar con tu proveedor de seguros para ver si cubrirán al terapeuta de forma gratuita o no. Si no tienes seguro, a menudo hay muchas oportunidades gratuitas para recibir terapia gratuita. Investiga organizaciones locales sin fines de lucro en el área que puedan ayudar. Si te sientes extremadamente abrumado o suicida, aprovecha las líneas directas que pueden ayudarte con tu fortaleza mental en ese momento exacto.

Buscar ayuda no es una debilidad; en realidad significa que eres muy fuerte y mentalmente resistente. Te ayuda a obtener ayuda profesional para desarrollar tu resistencia mental. Ahora, si no tienes dinero o no crees que esto sea necesario, está bien. Optar por no ir a un terapeuta mental no te impedirá desarrollar tu resistencia mental. Puedes seguir desarrollando tu resistencia mental haciendo los ejercicios sugeridos.

Contador de tiempo

Lo siguiente que quieres hacer es examinar tu tiempo. Haz un horario de tus actividades diarias. Puedes escribir manualmente los horarios desde el mediodía hasta la medianoche o puedes imprimir un calendario semanal de Internet y completarlo. Para esta actividad, quieres ser lo más detallado posible, así que intenta contar cada minuto. Si no puedes recordar todo, está bien. Solo escribe lo que puedas recordar. Una vez que hayas escrito esas cosas, evalúa tus actividades diarias y el tiempo que pasas en ellas. ¿Cuánto tiempo pasas haciendo las cosas necesarias como comer, dormir, trabajar y pasar tiempo con tu familia? ¿En qué cosas pasas tiempo que no te ayudan a alcanzar tus metas? ¿Estás gastando mucho tiempo navegando por la web, chismorreando o en las redes sociales sin ayudarte a mejorar tus metas o sin ayudarte activamente a volverte mentalmente fuerte? Sea lo que sea que esté desperdiciando tu tiempo, encuentra una manera de reducirlo. En su lugar, dedica tu tiempo a actividades que te ayudarán a potenciar tu fortaleza mental.

Leer más

Para volverte mentalmente fuerte, puedes comenzar leyendo más. Lee de manera diversa y lee cosas que normalmente no leerías. Esto te expondrá a una amplia gama de pensamientos que desafiarán tu cerebro y fortalecerán tu conocimiento. Cuanto más sepas, más capaz serás de manejar diversas situaciones porque tienes una amplia base de experiencia de la que puedes extraer. No tienes que leer novelas largas. Puedes leer revistas o incluso visitar sitios web y leer artículos sobre temas que normalmente no lees. Puedes visitar cualquier periódico en línea o en la tienda y revisar su información para leer una amplia gama de temas.

Crear tu lista de citas

A continuación, crear una lista de citas de tus personas mentalmente fuertes favoritas. Estas citas te ayudarán a mantener la fortaleza mental ante la adversidad. Puedes ponerlas al lado de tu declaración de misión, para que puedas tener algo de inspiración cuando las cosas se pongan difíciles. También puedes usar las redes sociales para seguir a personas mentalmente fuertes o quienes te inspiren a ser una. Puedes comenzar con una lista de 10 citas y puedes seguir añadiendo a la lista a medida que encuentres más citas excelentes para ayudarte en el camino.

Encuentra tu ayuda de responsabilidad.

Querrás encontrar a tu compañero de responsabilidad. Puedes encontrar a ese compañero de responsabilidad en línea o en persona; puede ser un amigo o un miembro de la familia en quien confíes. También puedes encontrar un grupo de apoyo donde pueden motivarse mutuamente, estar motivados y hacer un seguimiento del progreso del grupo. Contar con ayuda y ser responsable en tu camino hacia la fortaleza mental hará que otros te llamen la atención si no estás haciendo el trabajo necesario para volverte mentalmente fuerte. También puedes contactar con aquellos a quienes consideres mentalmente fuertes para obtener información y consejos sobre cómo se volvieron mentalmente fuertes para que también puedas aplicarlo en tu vida.

Autocuidado y Manejo del Estrés

La próxima actividad que deseas hacer es descubrir una forma de manejar tu autocuidado. El autocuidado es cómo te cuidas a ti mismo cuando las cosas se ponen estresantes. Esto es importante porque es parte de la forma en que manejas el estrés. Elabora un plan. ¿Qué vas a hacer cuando estés estresado? ¿Vas a escuchar una canción en particular o leer una revista en particular o llamar a alguien? Saber cómo cuidarte a ti mismo y cómo manejar tu estrés te ayudará a tener éxito a medida que intentas volverte mentalmente fuerte. Cuando estás decepcionado, no quieres hundirte en la autocompasión porque te impide avanzar. Las personas mentalmente fuertes enfrentan las situaciones de frente y encuentran una manera de resolver el problema.

Desarrolle su inteligencia emocional y autoconciencia

Ser emocionalmente inteligente y estar consciente de uno mismo son aspectos importantes de ser mentalmente fuerte. Ser emocionalmente inteligente se reduce a esto: quieres asegurarte de ser empático con todas las personas que conoces sin importar cuál sea la situación y aprender cómo tratar a los demás como deseas ser tratado en todo momento. Estar consciente de uno mismo implica ser extremadamente consciente de cómo los demás te perciben, ya sea cierta o no esa percepción, y luego reaccionar en consecuencia. Estar consciente de uno mismo a nivel personal implica estar en sintonía con tus limitaciones y ser honesto sobre la situación actual. Esta es una habilidad que se practica mejor todos los días. Ambas habilidades trabajan en conjunto para ayudarte a tener una imagen clara de lo que sea que estés enfrentando para no actuar a ciegas.

Refuerza tus debilidades.

Este es un ramificación de ser consciente de uno mismo, pero esto requiere que agarres un bolígrafo y papel nuevamente. Dibuja una línea en el medio del papel. También puedes usar un teléfono. Dedica 20 minutos, y luego lista las debilidades que tienes en el lado izquierdo. En el lado derecho, escribe cómo estás complementando tus debilidades o encontrando una forma de mejorarlas o emparejarlas con una solución, para que esto no sea un obstáculo en tu viaje de fortaleza mental. Por ejemplo, tener mal genio puede ser tu debilidad. Una forma de reforzar esa debilidad es inscribirte en clases de manejo de la ira. También puedes intentar formar estrategias cuando te enojas, como tomar 10 respiraciones profundas para no perder el control. No importa cuán grande o pequeña sea la debilidad, si puedes encontrar una forma de reforzarla, serás mucho más fuerte.

Ahora que tus peldaños hacia la fortaleza mental están siendo reforzados con estas actividades, vamos a escuchar a continuación a personas mentalmente fuertes. Los consejos que te darán provienen directamente de la fuente y ofrecen valiosas ideas sobre cómo ser mentalmente fuerte. El siguiente consejo no es especulación. Son consejos probados y verdaderos que personas de la vida real han utilizado para volverse más mentalmente fuertes en su vida.

Capítulo 4: 15 Consejos de Personas Mentalmente Fuertes

Me encanta escuchar a las personas hablar sobre cómo han desarrollado su fortaleza mental porque demuestra que esta habilidad se aprende, y puede fortalecerse con los hábitos que sigues. Aunque estas personas sean anónimas, siempre puedes obtener apoyo adicional y consejos de personas a las que consideres mentalmente fuertes preguntándoles qué hicieron para llegar a este punto. La mayoría de las personas están más que dispuestas a compartir sus consejos y perspectivas con aquellos que están ansiosos por aprender, así que no tengas miedo de pedir ayuda.

1. Deja de beber demasiada cafeína. Si eres amante del café como yo, esto es difícil. Las personas mentalmente fuertes no dependen de la cafeína porque hace que la adrenalina haga latir el corazón en tu cuerpo. Esto significa que cuando llegue el momento de tomar decisiones difíciles para una persona adicta a

la cafeína, es posible que no puedas tomar la decisión más clara posible. Al deshacerte de la cafeína, puedes acceder a todos tus pensamientos en cualquier momento y no depender de un estimulante.

1.
    Siéntete bien al pasar tiempo solo. Cuando pasas tiempo a solas reflexionando sobre varios escenarios y siendo consciente de cómo reaccionaste ante una situación, afinas tu músculo de resistencia mental. De igual manera, cuando puedes estar solo, sin aburrirte ni sentirte solo, solo te hace mentalmente más fuerte porque puedes reflexionar más en tu zona y puedes aprovechar el poder de la soledad.

1.
    No tomes las cosas de manera personal. Esto es casi lo mismo que no quedarse en el pasado. Si algo sucede, aprende de ello y sigue adelante. No hay razón para permanecer en un estado constante de tristeza. En tu vida, te

encontrarás con personas locas y pueden ser difíciles de manejar. Pero si pasas la mayor parte de tu tiempo tomando las cosas de manera personal, nunca serás feliz. Trata de entenderles y aprende algunas habilidades para hacer frente. Concéntrate en el futuro pero aprende del pasado para tener el mejor futuro posible.

1.
Di no a las cosas que no te ayudan a avanzar con tu objetivo. Si algo no es importante para tu tiempo, di no y sigue adelante. No tengas miedo de lastimar los sentimientos de alguien al decirlo. Cuanto antes aprendas a decir no, más tiempo liberarás para ti y tu fuerza mental. Sabes lo que quieres y no dejes que otras personas dicten tus acciones.

1.
Sé optimista pero sé realista. Esto no significa que estés siendo pesimista, simplemente significa que no pierdas tiempo en metas inalcanzables. Combina tu optimismo con una dosis de realidad en todo momento.

1.
Aprende más. Sea cual sea el aspecto en el que estés intentando ser mentalmente fuerte, aprende

más sobre él. Cuanto más aprendas, mejor podrás manejar los desafíos que vienen con tu tarea.

1. Sé amable contigo mismo. Si no cumples tus objetivos, no te castigues por ello. Nadie es perfecto. Si te castigas por lo que pierdes, tal vez solo caigas aún más. Recuerda, tienes que vivir contigo mismo, así que al menos sé capaz de lidiar contigo mismo si es necesario. Sé amable contigo mismo y date tiempo para desarrollarte. Nada grandioso sucede de la noche a la mañana.

1. Cambia el escenario de tu vida. A veces, cuando sientes que estás en una rutina, está bien cambiar el escenario que te ayudará a ser más adaptable. Puedes ir de viaje, al parque o a cualquier lugar nuevo, para que no tengas que lidiar con la monotonía de lo que estás viviendo. A veces, el cambio de escenario puede ayudar a desencadenar un nuevo pensamiento o un nuevo impulso de energía para que puedas terminar la tarea en curso.

1. Aprende a hacer malabares. Aprender a hacer malabares te

ayuda a desarrollar algo diferente. También hace que tu cerebro se vuelva hábil en hacer varias tareas al mismo tiempo. Convertirte en alguien capaz de hacer varias tareas a la vez es una gran habilidad que te ayuda a ser mentalmente fuerte porque puedes hacer malabares con diferentes cosas sin despeinarte. ¿Lo entiendes? Malabares.

1.
Ve tan fuerte como puedas incluso cuando creas que has alcanzado tu límite. Esto significa que cuando otros estén luchando porque ya estás acostumbrado a un nivel de alta intensidad, estarás a millas por delante de ellos.

1.
No te compares con los demás. Si lo haces, solo te estás preparando para no ser mentalmente fuerte. De hecho, compararte con los demás es la forma número uno de deprimirse. Otras personas no son tú, así que no pierdas tu tiempo y felicidad comparando. Si tienes una debilidad, sé consciente de ella y

encuentra una forma de mejorarla rápidamente. ¡Siempre recuerda esto: tú eres único!

1.
Sé feliz por otras personas. Creo que los jóvenes dicen, no seas envidioso. Esto es muy cierto. Cuando tienes personas prósperas a tu alrededor, es solo un indicador de tu futuro éxito.

2.
No esperes que el mundo te deba algo o esperes algo de cualquier otra persona. Lo justo es lo que te sucede a ti. No actúes como víctima porque a nadie le gusta un quejica. Además, ser víctima te quita poder. Mantente fuerte y recuerda que siempre hay alguien que la pasa peor de lo que crees que estás pasando.

1.
Estar bien con el cambio. Permíteme citar lo que dijo Benjamin Disraeli: "El cambio es inevitable. El cambio es constante." Lo único constante en la vida es el cambio. Cuanto antes te des cuenta,

antes podrás prosperar en esta cosa llamada vida. El cambio no es algo malo; es lo único.

1.
No te quejes. A nadie realmente le importa de todos modos. Cuando piensas en la persona que se queja, ¿qué piensas? No seas esa persona. No quieres que la gente tenga pensamientos negativos sobre ti, así que no te quejes.

Capítulo 5: Desafío de Resistencia Mental de 7 Días

Ahora que entiendes qué es la fortaleza mental, los rasgos de la fortaleza mental y las habilidades para ejercer esa herramienta, debes dar el salto para ser mentalmente fuerte.

Sin embargo, la pregunta de cómo empezar es algo que muchas personas se hacen. No es necesario preocuparse, sin embargo. Podemos ayudarte a comenzar. Puedes iniciar tu camino hacia la fortaleza mental aquí.

Cada día tiene algunas actividades que puedes intentar para ejercitar una de tus habilidades y así volverte mentalmente fuerte. Puedes probar lo que quieras o intentar cada una de las tareas. Una mezcla de actividades se enfoca en hacerte sentir incómodo y empujarte al límite físico. Si puedes hacer cosas nuevas y manejar tus reacciones ante ellas, entonces estás en buen camino para volverte mentalmente fuerte.

También puedes usar y reutilizar estas tareas según sea necesario.

Día 1

- Toma un camino diferente a casa del que sueles tomar. Intenta ir por el camino largo si normalmente vas por el camino corto o viceversa. Si conduces, utiliza el transporte público. Sin importar cómo llegues a casa, cambia la rutina.
- Come una comida diferente a la que sueles comer. Prueba una cocina diferente o cambia el orden de las comidas. Por ejemplo, cena en el desayuno o almuerza en la cena.
- Date una ducha fría. Esto definitivamente te ayudará a preparar tu mente para superar condiciones físicas. Mientras más hagas algo que te haga sentir incómodo, más fácil será.
- Ten un día sin quejas. En este día, no hagas ninguna queja. En lugar de enfocarte en por qué estás molesto, concéntrate en lo que puedes hacer para sacarle el mayor provecho a la situación o en lo que puedes cambiar.
- Sé agradecido. Haz una lista de todas las cosas por las que estás agradecido. Esto te ayudará a siempre ver el lado bueno sin importar lo que hagas.
- Descubre tu motivo. Piensa en qué te motiva. ¿Es tu motivación principal el miedo al fracaso o la esperanza de un futuro mejor? Sea cual sea tu razón que te impulsa, sé consciente de ella y asegúrate de abordar cualquier creencia limitante que puedas tener.
- Visita una iglesia que normalmente no visitas. También puedes ver en línea un servicio religioso diferente en el que normalmente no participas.

	También puedes leer sobre una religión diferente si eso es más fácil.
Día 2	 Crea una lista de 5 afirmaciones que puedan ayudarte en tu vida diaria. Puedes repetirlas a ti mismo durante el día o durante tu tiempo de meditación.  Acondiciona tu espacio de meditación. Vuelve a crear el lugar especial en el que meditarás y arréglalo. Puedes añadir una vela, una imagen, una alfombra o tu almohada favorita para marcar el lugar.  Pide retroalimentación en el trabajo o a un miembro de la familia o amigo sobre cómo puedes mejorar. Sin embargo, cuando te den su opinión, no intentes explicarte. Solo asiente y di gracias, y piensa en lo que dijeron y cómo puedes mejorar.  Compra un diario bonito que te ayude con tus hábitos de reflexión. Si estás empezando lentamente con la meditación, simplemente puedes escribir libremente tus pensamientos durante tu tiempo de meditación.  Piensa en tu diálogo interno, ¿qué tipo de cosas te dices generalmente? Puedes utilizar la actividad del capítulo de ejercicios para mejorar tu diálogo interno.
Día 3	Imagina que te ocurre lo peor que te pueda pasar. ¿Cómo reaccionas ante ello? Haz un pequeño juego de rol sobre cómo puedes reaccionar. Date diferentes reacciones. Intenta vivir el momento. Sea lo que sea que estés haciendo durante el día, concéntrate en la tarea en cuestión sin

distraerte con otras cosas. Si siempre estás haciendo varias cosas a la vez, puede ser difícil, pero te ayudará a enfocarte intensamente en lo que estás haciendo. Piensa en tus decepciones tempranas en tu vida, especialmente durante la infancia. ¿Algunas de esas experiencias siguen afectándote hasta el día de hoy? ¿Cómo puedes reinterpretarlas de manera positiva? Cambia tu peinado. Puedes probar un peinado diferente, un color de pelo diferente o simplemente cortarte todo el pelo. Para las personas más cautelosas, puedes probar un sombrero o un accesorio para el pelo llamativo. Escucha un género de música que nunca hayas escuchado antes. Intenta escuchar de 3 a 5 canciones. Tómate un descanso. Sea lo que sea que estés haciendo que te estresa o que te está quitando energía, simplemente di no y tómate un descanso de eso.

Día 4

- Reevalúa tu vida honestamente. ¿Cuáles son tus metas, valores y prioridades? ¿Cómo se alinea tu vida actual con esos valores? Si tu vida no va en la dirección de los movimientos que estás intentando hacer, ¿cómo puedes cambiarla? - Elige una rutina de ejercicios en YouTube y comprométete a hacer ejercicio durante un mes sin perder un día. - Examina tu horario diario. ¿Cuáles son los hábitos o cosas que haces que desperdician tu tiempo? Intenta limitar esas actividades hasta que ya no las hagas. - Encuentra una manera de cómo puedes comer más saludablemente. Ya sea con una nueva dieta o ayuno intermitente, comprométete a estar sano y seguro adelante. Esto solo hará que otros aspectos de tu vida sean más fuertes. - Comprométete a estar tan enfocado como puedas en el trabajo durante el día. Luego, descubre cómo puedes mantener ese ritmo de forma regular. Puedes trabajar en ráfagas cortas de 20 minutos, para que puedas mantener el ritmo a lo largo del día.

Piensa en todas las cosas por las que te culpas a ti mismo. Escríbelas y quémalo. Deja que las llamas representen que te estás perdonando a ti mismo. Deja que el pasado quede en el pasado. Hoy es un nuevo día, así que disfrútalo. Escucha una estación de radio a la que normalmente no escuches en tu viaje al trabajo. Puede ser radio de charla o un género diferente. También puedes probar un podcast completamente nuevo. Escucha una estación política a la que normalmente no escuches durante un día. Ponte en los zapatos del otro partido para ver si puedes tener empatía o entender por qué creen lo que creen. Luego, trata de ser más compasivo. Si tienes un problema personal con alguien, háblales directa y calmadamente sobre el problema. En lugar de dejar que el problema crezca, abórdalo directa y suavemente. Si no puedes controlar tus emociones, prueba escribir una carta o correo electrónico. Las personas mentalmente fuertes abordan los problemas directamente. Perdona a alguien que te haya ofendido, ya sea que sepan que te han ofendido o no. Llámalos y deja todo en el pasado.

	• Elige tu mayor miedo. Enfréntalo de frente. Si tienes miedo a las arañas, ve a la tienda de mascotas y mira una araña. Si tienes miedo a las alturas, visita un rascacielos. Sabes que vas a tener miedo, ¿pero descubre una forma de estar bien con el temor y enfrentarlo? • ¿Qué es algo en lo que puedes ser más consistente? Empieza a hacer esa tarea hoy. • Revisa tu plan de manejo del estrés. ¿Cómo puedes mejorar tu estrategia para manejar mejor el estrés? • Deja el café, el alcohol por un día. Sustitúyelo por agua u otras bebidas no estimulantes. • Visita un refugio de animales. Al centrarte en los animales, puedes poner tu vida en perspectiva. ¿Quién sabe? Tal vez incluso adoptes uno.
Día 6	
Día 7	• Escribe tu obituario. Luego, comienza a vivir como una persona que sea merecedora del obituario que acabas de escribir. • ¿Qué cosas puedes mejorar para que tu semana sea mejor? Haz que suceda. Realiza las modificaciones necesarias para tener una semana mejor y haz que cada semana posterior sea mejor haciendo una revisión semanal. • Crea un tablero de resistencia mental. Incluye tus citas favoritas e imágenes de personas que sean tus inspiraciones de resistencia mental. Embellece y cuélgalo en tu lugar especial. • Investiga un terapeuta y consulta con él al menos una sesión. Ver si tu área tiene un programa

local para sesiones de terapia gratuitas. También puedes buscar aplicaciones de terapia gratuitas que también pueden ayudar si estás preocupado por la privacidad. Duerme lo suficiente durante la noche para que tu cerebro pueda estar despejado. El sueño es un aspecto a menudo pasado por alto de las personas mentalmente fuertes. Recuerda, no se trata de resistir, se trata de recargarse. El sueño es una parte necesaria del proceso de recarga.

Capítulo 6: Mentalmente Fuerte en tu Vida Diaria

¡Felicitaciones por comprometerte a hacer el trabajo necesario para volverte mentalmente fuerte! Sin embargo, cuando la vida te golpea rápido, debes intentar recordar ser mentalmente fuerte en lugar de volver a viejos hábitos. Entonces, ¿cómo puedes ser mentalmente fuerte en tu vida diaria sin volver atrás? Una forma es practicar, pero incluso así, no hay garantía de que no cometas errores. Lo más importante es recordar que incluso si cometes un error, debes subirte de nuevo en tu caballo de fuerza mental y montar de nuevo. El propósito de este capítulo es ayudarte a descubrir cómo vas a manejar las técnicas cuando se presenten participando en un poco de visualización e interpretación de roles.

Se listarán diferentes escenarios aquí. Tendrás opciones para elegir sobre cómo manejarías la situación. Los escenarios abordados van a tratar sobre problemas matrimoniales, problemas laborales, problemas infantiles, problemas de dinero y problemas aleatorios que suceden en nuestra vida cotidiana. Luego, se dará una perspectiva sobre cómo manejar una situación particular. Esta perspectiva también se basará en algún modo de pensamiento y técnicas utilizadas en el mundo militar, artes marciales, deportes y psicología empresarial al dar una visión sobre un escenario en particular.

No hay una respuesta correcta o incorrecta. Puede descubrir que en realidad haría una combinación de algunas de las acciones enumeradas, y eso está bien también. Los ejercicios están diseñados para ayudarlo en diversas situaciones mejorando la resistencia mental. Para obtener más valor del ejercicio, concéntrese en qué respuesta elegiría y por qué la elegiría. Luego, examine las respuestas que no elegiría y por qué no funcionarían.

Escenarios matrimoniales

Afrontémoslo. El matrimonio es muy difícil. Si el matrimonio no fuera difícil, entonces la tasa de divorcio no sería superior al 50%. La alta tasa de divorcios muestra que las personas simplemente no están siendo mentalmente fuertes cuando se trata de su relación. Sin embargo, al centrarse en el aspecto de la resistencia mental de tu actitud, puedes manejar mejor el matrimonio y los desafíos que conlleva. Una de mis citas favoritas es que no puedes controlar lo que te sucede, pero sí cómo reaccionas ante ello. Nunca ha habido una afirmación más verdadera en lo que respecta al matrimonio. Desafortunadamente, muchos de nosotros no podemos controlar cómo reaccionamos ante situaciones desagradables de una manera agradable. La resistencia mental ayuda a perfeccionar tu respuesta a los problemas que surgen en tu matrimonio. Con suerte, estos escenarios te ayudarán a reflexionar y a tener una mejor relación conyugal.

Escenario 1

Tu pareja quiere hacer algo que tú no quieres hacer. Has mencionado que no quieres hacer esto, pero tu cónyuge no te ha escuchado en absoluto. ¿Cómo deberías responder?

- A. Debes explicar pacientemente por qué no quieres hacer lo que sea. Después de explicarlo, debes aceptarlo y seguir adelante y hacer lo que tu cónyuge quiere hacer de todos modos.
- B. Deberías enfurruñarte y hacer lo que tu cónyuge quiere hacer de todos modos.
- C. Debes ser honesto con tu cónyuge sobre tus razones para no querer hacer la actividad mencionada. Luego, trata de convencerlos sobre por qué no quieres hacerlo y rehúsate a hacerlo.
- D. Deberías encontrar algún tipo de compromiso. Haz un trato sobre la actividad mencionada, luego ellos tendrán que hacer algo que no

quieren hacer contigo en otro momento.

Visión: En psicología de artes marciales, una lección importante que se enseña es construir tu autoestima. Cuando tienes alta autoestima y surge la necesidad de hacer que tu voz sea conocida y escuchada, podrás hacerlo. En una situación como esta, dependiendo de la dinámica de tu relación, cualquiera de estas respuestas podría ser la correcta. La respuesta más apropiada es asegurarte de que hagas oír tu voz de manera respetuosa y que sea escuchada, y luego averiguar lo mejor que hacer después.

Escenario 2

Tú y tu pareja están pasando por dificultades financieras. Tu cónyuge tiene una idea que puede ayudar a obtener beneficios, pero no quieres tomar decisiones arriesgadas en este momento. ¿Qué deberías hacer? (Esta situación puede invertirse, en la que tú tengas la idea y tu cónyuge no quiera escuchar.)

    A.

Deberías darle a tu esposo/a una presentación, para que puedas convencerlo/a de que tu idea es lo mejor que se puede hacer. Entonces, cuando esté convencido/a, podrás hacer lo que necesitas hacer.

    B.

Deberías hacer lo que quieras hacer de todos modos. El perdón es más fácil de obtener que el permiso. Cuando ganes todo el dinero, tu cónyuge te lo agradecerá.

C. Deberías pedirle a tu cónyuge que busque juntos al prospecto y luego ustedes pueden llegar a un compromiso y tomar la mejor decisión con la que ambos se sientan cómodos.

D. Necesitas centrarte en métodos probados y verdaderos para reducir tu carga de deuda y enfocarte en maneras de seguir adelante.

Visión: Un factor importante en la psicología empresarial es mirar el riesgo controlado y tomar el riesgo. Las finanzas son una de las principales razones por las que las relaciones no perduran. Si eres más aventurero que tu cónyuge o viceversa, es importante que cada aspecto de la situación financiera sea examinado antes de tomar una decisión. La fortaleza mental se trata de resistir cuando los tiempos se ponen difíciles.

Obviamente, estar en una situación financiera difícil no es ideal. Dado que cómo llegaste a ese punto está en el pasado, ahora tienes que pasar a tu próximo paso, que será determinar si puedes manejar el riesgo de una inversión o no. Depende de ti y tu cónyuge averiguar qué nivel de riesgo pueden manejar juntos y proceder a partir de ahí. La preocupación principal debería ser si la inversión resulta exitosa, ¿podrán ambos vivir con las consecuencias? Por otro lado, si la inversión resulta mal, ¿podrán manejar las consecuencias también?

En otras palabras, examina la situación desde todos los ángulos y luego toma la decisión que sea mejor para ambos. Puedes intentar adoptar la posición contraria y jugar al abogado del diablo, para llegar a la mejor solución posible.

Escenario 3

Tu hijo, puede ser un bebé peludo o un bebé humano, se está portando mal. Tu pareja quiere manejar la situación de una manera y tú quieres manejarla de otra manera. Desafortunadamente, el problema de comportamiento ha estado sucediendo durante mucho tiempo y no importa qué tipo de disciplina apliquen ambos, el problema no parece estar mejorando. Ambos están frustrados y necesitan resultados para tener paz mental. ¿Qué deberían hacer?

    A.

Dado que el enfoque de disciplina de tu pareja no ha estado funcionando, deberías centrarte en formas en las que puedas mejorar el problema y no preocuparte por lo que dicen. Obviamente, lo que han dicho no ha funcionado, así que cualquier cosa es mejor que lo que dicen.

    B.

Deberías deferir a tu pareja. De esa manera, si la opción que eligen no funciona, la culpa no recaerá en ti. Después de que su camino falle, entonces finalmente puedes hacer lo que sabes que es lo correcto en la situación.

C.

Deberían establecer un plazo con tu cónyuge sobre cuánto tiempo debería pasar antes de que necesiten ver mejoras. Tú y tu cónyuge también deberían involucrar al niño en la situación y probar cada opción antes de rendirse. Si no ven mejoras dentro de ese plazo, entonces deberían buscar ayuda profesional.

D.

Deberías gobernar con mano dura. Puede que no sea lo ideal y pueda resultar incómodo, pero al final, tu bebé y tu cónyuge te lo agradecerán.

Visión: El ejército se especializa en desgastar a sus cadetes en el campamento de entrenamiento para ver qué tan bien se desempeñarán en situaciones de la vida real. Lo interesante sobre el entrenamiento militar es que no son las personas más inteligentes o talentosas las que tienen éxito en el entrenamiento. Son las personas que tienen más determinación o perseverancia a ultranza para superar el entrenamiento. En la situación, es posible que tengas que probar un enfoque más suave, o puede ser necesario un puño de hierro dependiendo de la personalidad del niño. Dependerá de ti descubrir eso. Sea lo que sea que decidas, tendrás que asegurarte de que tu pareja se sienta cómoda con la opción.

Escenarios de crianza

Esto nos lleva a nuestra siguiente sección. ¿Cómo lidias con los desafíos que conlleva criar a los niños? Ellos viven en un mundo cada vez más cambiante y complejo en comparación con el de antes. Muchos métodos que solían funcionar en el pasado no serán efectivos en la generación actual. Por lo tanto, básicamente estás siendo padre desde cero en un mundo altamente tecnológico. A menudo, tus hijos saben más que tú en cuanto a tecnología, pero debes establecer algún tipo de autoridad en la relación para que tus hijos sepan que eres el padre.

¿Cómo puedes ser mentalmente fuerte al tratar con ellos y al mismo tiempo prepararlos para ser mentalmente fuertes con tu ejemplo? Los siguientes ejemplos deberían ayudarte a trabajar a través de algunas situaciones típicas que podrían ocurrir.

Escenario 1

Tu hijo está teniendo problemas con otro niño en la escuela. Después de animar a tu hijo a hablar con el maestro, el problema persiste. Una vez que investigas más sobre el problema, te das cuenta de que este niño es el hijo de alguien que no te cae bien, y prefieres no tener una confrontación con sus padres. En el fondo, sabes que si abordas el comportamiento de su hijo con los padres, la situación puede escalar rápidamente. ¿Cómo puedes manejar esta situación?

A.
Programas una reunión con la maestra de los dos niños, los padres del otro niño y un administrador escolar para asegurarte de que las necesidades de todos sean atendidas.

B.
Te comunicas con el padre con la ayuda de un tercero para tratar de llegar al fondo del asunto. Luego, invitas al padre y al niño a cenar con el tercero para ver si el problema se puede resolver en un ambiente más relajado.

C.
Envía un correo electrónico o una nota explicando respetuosamente la situación a los padres del niño, para que puedan llegar a un acuerdo por escrito. Luego, sigue animando a tu hijo a ser respetuoso y a informar sobre cualquier incidente que continúe ocurriendo. También intenta comprender el problema de tu hijo para asegurarte de que no sea el antagonista en esta situación.

D.
Lucho fuego con fuego y defiendo a mi hijo. A veces, ser un abusón es el único lenguaje que entienden otros abusones.

Visión: Las personas son sensibles acerca de sus hijos. Y en este caso, es importante practicar la máxima disciplina e intentar no enfadarse. El ejército se trata de entrenar a las personas para mantener la calma bajo una presión intensa, incluso presión que pone en riesgo la vida. Y sabemos que los problemas relacionados con el hijo de alguien pueden desencadenar un reflejo que pone en peligro la vida. Sea lo que sea que haga en esta situación, asegúrese de idear un plan para abordar la acción de su hijo y la acción del otro niño, para que puedan tener un año escolar exitoso en el futuro.

Escenario 2

Te das cuenta de que tu hijo se está volviendo más y más astuto porque tu pareja es demasiado estricta (puede que seas tú el estricto). En lugar de simplemente decirte la verdad, el niño no dirá la verdad y negará que esté haciendo algo incorrecto. Y ninguno de los dos quiere cambiar su estilo de crianza. ¿Cómo deberías abordar la mala conducta de tu hijo mientras obtienes el apoyo de tu cónyuge?

> Debes hacerle saber a tu hijo que tú también fuiste un niño y que todo lo que están haciendo, ya lo has hecho, por lo que no necesitan intentarlo. Luego debes lograr que tu pareja te apoye sin importar qué.

B. Debes reunir pruebas del mal comportamiento de tu hijo, para que no lo puedan negar, y luego hacerles saber que si las cosas no cambian sucederán consecuencias graves. Hazles saber que tu cónyuge está de acuerdo contigo, para que puedan mostrarse unidos.

Deberías intentar un enfoque diferente con tu hijo. Trata de llegar al fondo de por qué están haciendo lo que están haciendo o por qué sienten que tus expectativas son demasiado estrictas. Si los comprendes mejor, tal vez puedas llegar a un compromiso.

D. Debes dejar que tu esposo se encargue de eso y luego hacer que te avise lo que sucede.

Visión: A medida que los niños crecen, es natural que quieran afirmar su independencia. Sin embargo, sigue siendo responsabilidad tuya como padre guiarlos en el camino que deben seguir. Con una situación como esta, querrías tomar una pista de la psicología de las artes marciales y que practiquen conciencia situacional. Estar situacionalmente consciente te ayuda a saber si necesitas defenderte de un ataque o no. Y en una situación como esta, necesitas estar situacionalmente consciente de lo que está sucediendo con tu hijo, y luego puedes determinar cuál es el mejor ataque o defensa a utilizar de manera que puedas abordar el problema de tu hijo y llevar a tu pareja a bordo.

Escenario 3

Tu hijo está jugando en un equipo de una pequeña liga de baloncesto. Tu hijo practica muy duro, pero no es bueno para nada. A pesar de no ser bueno, a tu hijo le encanta jugar al baloncesto. El entrenador es muy justo y deja que tu hijo juegue aunque no sea tan bueno como los otros niños. Afortunadamente, el equipo es muy bueno y se encuentran avanzando a la final. En el juego por el campeonato, el equipo de tu hijo pierde y notas que los otros niños comienzan a culpar a tu hijo. ¿Cómo manejas la situación?

A. Dejas llorar a tu hijo/a y les muestras un amor firme, ellos lo superarán.

B. Inmediatamente llamas al entrenador y le informas al entrenador lo que está sucediendo. Luego, haces que tu hijo deje de llorar y preguntas a los compañeros de equipo qué está sucediendo.

C. No haces nada más que enfocarte en permitir que tu hijo maneje su reacción a la situación en lugar de en lo que hacen.

D. Quitas a tu hijo/a del equipo y les

dices que no a todo el mundo les va a caer bien.

Visión: A veces es difícil dejar que tu hijo enfrente una situación difícil. Cuando te preocupas demasiado por tu hijo, tienes el potencial de convertirte en un padre helicóptero. En psicología deportiva, hay un enfoque en tener mentalidad de ganador.

Ser un ganador puede significar cosas diferentes, por lo que es importante discutir qué significa esto para tu hijo. Tu equipo puede haber perdido el juego, pero ¿existen metas personales que hayan alcanzado, como no tropezar durante un juego o practicar una buena deportividad? Por supuesto, algunas personas sienten fuertemente que no se deben criar niños débiles dándoles trofeos de participación, así que si vas a hacer que tu hijo sea consciente de sus incapacidades físicas en ese momento, asegúrate de ser hábil al hacerlo. La conversación puede realmente proporcionar una forma de hablar sobre otras cosas.

Por ejemplo, en psicología deportiva, también se centra en practicar todos los días para construir hábitos de campeonato. También deberías considerar evaluar los hábitos de práctica de tu hijo/a. Por último, también es importante ser realista. Debido a que los niños todavía están en desarrollo y crecimiento, tu hijo/a podría tener potencial y también puede que no sea tan bueno/a en el deporte. Este será un buen momento para discutir expectativas realistas, así como cómo manejar situaciones difíciles sin estar encima de tu hijo/a y darles la oportunidad de aprender y espacio para desarrollar su propia fortaleza mental.

Escenarios de trabajo

Pasamos la mayor parte de nuestro tiempo en nuestro trabajo. Por lo tanto, es importante tener algún tipo de paz mental en tu trabajo. También es importante navegar adecuadamente tus emociones en tu trabajo, para que puedas encontrar una manera de proporcionar para tu familia. Desafortunadamente, la mayoría de las personas tienen trabajos que no están libres de desafíos. De hecho, parece que a la mayoría de las personas absolutamente odian sus trabajos. La única razón por la que están trabajando es para proporcionar a su familia. El truco para mantener algún tipo de cordura y paz en tu trabajo es practicar la fortaleza mental. Hacerlo te evitará perder tu trabajo y te ayudará a tener un ambiente laboral lo más efectivo y beneficioso posible. Las siguientes situaciones pueden ayudarte con situaciones difíciles que puedan ocurrir en el trabajo. Revisa cómo reaccionas ante ellas.

Escenario 1

Tienes un nuevo jefe. Pero este jefe es perezoso y un narcisista. Se acerca un proyecto grande y tu trabajo depende de él. Sin embargo, para este trabajo, tienes que trabajar con tu jefe. ¿Cómo manejas esta situación?

A. Simplemente renuncias y le dices a tu jefe antes de irte. Luego, tiras todo de encima del escritorio de tu jefe antes de irte.

B. Te aguantas y lo soportas para salvar tu trabajo. Sabes que solo será por un corto tiempo que tengas que sufrir, y realmente necesitas tu trabajo, por lo que lo haces.

C. Discute los problemas que tienes con tu jefe de manera respetuosa. Luego, intenta sacarle el mayor provecho a la situación.

D. Traes a un tercero o hablas con el jefe de tu jefe para manejar la situación y luego trabajas en hacer el proyecto lo mejor que puedas.

En el ámbito militar, estar incómodo es una habilidad y un aspecto de la fortaleza mental que se debe desarrollar lo más rápido posible. Estar cómodo con la incomodidad es clave en una situación como esta. Dado que trabajas todos los días para convertirte en la persona que deseas ser, debes abordar esta situación de la mejor manera posible. Depende de si realmente quieres este trabajo, debes encontrar una forma de hacer saber tu incomodidad, así como completar el proyecto. También puedes simplemente aceptarlo y aguantarlo para no tener que lidiar con las repercusiones de tus quejas. Sea cual sea la opción que elijas, asegúrate de poder manejarla.

Escenario 2

Hay una nueva posición en el trabajo, pero actualmente no estás calificado para el puesto. Sin embargo, estarás calificado en un futuro cercano. Estás tomando cursos en línea que te pondrán en la competencia por el trabajo, pero debes esperar hasta que termines el examen final para obtener el certificado que demuestra que estás calificado. Mientras revisas la descripción del trabajo, ves una línea que dice estrictamente que no debes aplicar si no estás calificado y que tu solicitud será rechazada automáticamente si lo haces sin estar calificado. ¿Qué debes hacer?

    A.
    Debes aplicar de todos modos y hacerle saber al departamento de recursos humanos las circunstancias que rodean tu solicitud antes de presentarla. También debes seguir adelante y poner la información en tu currículum, para que sepan que pronto estarás calificado.

    B.
    Deberías abordar la razón por la que aplicaste aunque en la actualidad no estés calificado en tu carta de presentación y aun así aplicar.

- C.
  No debes solicitar y simplemente esperar a una nueva posición cuando estés calificado. Puedes esperar a que se abra la próxima convocatoria.
- D.
  Debes contactar a las personas antes de aplicar para asegurarte de que está bien aplicar.

Visión: En psicología empresarial, hay un dicho que dice que debes fingirlo hasta lograrlo. En esta situación, ese podría ser un concepto que sería aplicable. Sin embargo, debes decidir si es algo que quieres hacer o no. Tu personalidad determinará cómo reaccionas ante esta situación, pero pase lo que pase, debes ser flexible ante el resultado.

Escenario 3

Toda la oficina está abrumada, y tienes un plazo especialmente difícil que cumplir. Sin embargo, tienes una cita importante previamente acordada que no puedes perder. Si pierdes la cita, no podrás reprogramarla por un tiempo. Si vas a la cita, no podrás completar tu trabajo. Todos los demás están abrumados también y no hay absolutamente nadie que pueda encargarse de tu carga de trabajo. ¿Qué deberías hacer?

- A.
  Olvídate de la cita preestablecida. Rogarás y suplicarás que la vuelvan a programar. Si no pueden

reprogramarla, entonces simplemente espera hasta el próximo año para reprogramarla.

B.

No te preocupes por tu carga de trabajo. La oficina sabía que tenías una cita previamente programada, por lo que no deberías ser responsabilizado por algo fuera de tu control.

C.

Comunícate con tu jefe y házle saber la situación. Luego, ve lo que se puede hacer en esta situación.

D.

Simplemente sonríe y soporta la dificultad de la situación. Trata de hacer la mayor parte de tu trabajo lo antes posible. Luego, ruega y suplica por ayuda en los elementos que no puedas completar. Incluso puedes ofrecer sobornos si eso te ayuda a cumplir con tu carga de trabajo.

Visión: Para llegar a ser un mejor atleta, psicólogo deportivo, o atletas abordan lo más difícil primero en sus entrenamientos. Y en una situación como esta, no importa qué opción elijas, va a ser una decisión difícil. La clave es abordar lo más difícil primero. Luego, comunicarse de manera efectiva y dejar que las cartas caigan donde puedan.

Escenarios familiares

Familia, oh, familia. No puedes elegir a tu familia. La familia tiene una forma especial de presionar nuestros botones, y a veces tienes que ser mentalmente fuerte para manejarlos. Algunos miembros de la familia son muy buenos siendo justos y diplomáticos, y otros actúan como si te trataran como a un extraño en la calle. Peor aún, de hecho. La parte complicada de navegar las relaciones familiares es que seguirás siendo familia después de todo dicho y hecho. Por lo tanto, debes seguir teniendo cierto vínculo cuando manejas situaciones complicadas. La clave para muchas situaciones difíciles al tratar con miembros de la familia es comunicarse bien. (¿No es esa la clave para la mayoría de las cosas en la vida?) Revisa estos escenarios para ver cómo puedes reaccionar.

Escenario 1

Tu familia está planeando una gran reunión familiar. Sin embargo, hay una disputa sobre cómo debe manejarse el dinero. Un grupo quiere que se maneje de una manera y otro grupo quiere que se maneje de otra manera. Por casualidad, te encuentras convirtiéndote en el portavoz de todos y quedando atrapado justo en el medio. ¿Cómo manejarías esta situación?

A.
Encontrarás una forma de escuchar las preocupaciones de todos y luego reunir a todos para votar sobre el tema.

B.
Encontrarás una manera de hacer que el proceso sea más colaborativo, para que todas las voces puedan ser escuchadas. Luego tomarás la mejor decisión para mantener la paz.

C.
Dirás una cosa y serás fuerte, pero luego dirás tu opinión real fuera del foco para que los sentimientos de nadie resulten heridos.

D.
Te echarás atrás porque nadie te nombró responsable del evento familiar. Todos tienen que colaborar ya que es un evento grupal. Les dirás amablemente que no quieres hacerte cargo ya que no puedes asumir toda la responsabilidad de un evento del cual no te nombraste responsable. Después, dejarás que las cartas caigan donde tengan que caer.

Visión: Las personas mentalmente fuertes no se victimizan. Es importante recordar no jugar el papel de víctima en este caso y tomar la iniciativa para comunicar lo que quieres de la situación. A veces, las familias tienden a depender de una persona para hacer todo el trabajo cuando hay muchas personas capaces de hacer cualquier tarea que se presente. Esta será una gran oportunidad para compartir los roles de liderazgo y permitir que otras personas brillen para que se sientan necesitadas y valoradas. Según la psicología empresarial, una de las cosas más grandes que puedes pedirle a alguien es ayudarlo para cumplir con tus objetivos y metas como equipo.

Escenario 2

Uno de tus primos favoritos que tiene la misma edad que tú ha prosperado recientemente en la vida. Este primo tiene muchas de las cosas en la vida que tú has querido pero no has logrado. Cuando llegan las vacaciones, tu primo favorito quiere venir a pasar tiempo contigo, pero no estás seguro de cómo te sientes al respecto. ¿Cómo responderías?

    A.

        Evitarás al primo. No responderás a sus llamadas telefónicas o mensajes de texto o correos electrónicos, de modo que no tengas que enfrentarte a su éxito y ver lo hermosa que es tu vida.

    B.

        Aceptarás la invitación de tu primo/a y le dejarás saber cómo te sientes realmente. Le dirás a tu primo/a que estás un poco celoso/a de su éxito y que está consiguiendo todo lo que quieres en tu vida.

C. Estarás feliz por tu primo y ver si él o ella puede contarte algunos de los pasos que ha dado para alcanzar sus metas después de haber aceptado la invitación. Luego, lograrás que tu primo pague la cena.

D. Vas a poner una sonrisa en tu rostro y pasar el rato con tu primo/a, pero vas a llevar a alguien más contigo, para que no tengas que estar a solas con él/ella.

Visión: Ser feliz por los demás es una parte importante de ser mentalmente fuerte. Cuando estás feliz por los demás, te permite enfocarte en tus capacidades y no atormentarte con la envidia. Las personas mentalmente fuertes, especialmente en los negocios, se centran en lo que pueden cambiar y en lo que no pueden cambiar. No importa cuál sea la razón por la que no alcanzas tus metas personales, no es culpa de nadie más. Solo tú eres responsable de cambiar tu destino. En una situación como esta, deberías tratar de considerar qué puedes aprender de tu primo para prosperar también. Finalmente, no veas el éxito de tu primo como algo malo. Cuando la gente a tu alrededor está prosperando, es un buen indicador de que pronto prosperarás también.

Escenario 3

Hay un miembro de la familia al que nadie le agrada, pero este miembro de la familia no lo sabe. Este miembro de la familia escuchó a alguien hablando de él o ella y se puso angustiado. Él o ella viene a ti molesto/a porque no le gustó lo que escuchó. Este miembro de la familia está llorando y se siente traicionado/a. ¿Qué le deberías decir a este primo/a?

    A.

Deberías ser honesto con tu primo y darle la cruda verdad.

    B.

Deberías tratar de averiguar por qué tu primo está molesto y luego animarlo a que hable con la persona con la que tiene el problema. Pero, no importa lo que hagas, debes mantenerte al margen.

    C.

Hazle saber a tu primo/a que no a todo el mundo le cae bien y está bien. Explícale que no todo el mundo te va a caer bien en la vida, incluso los miembros de la familia. Ayuda a tu primo/a a enfocarse en las cosas positivas que tiene en su vida.

    D.

Deja que tu primo llore y actúa como si no supieras lo que está pasando. Es la mejor manera de mantener la paz en la familia.

Visión: A veces la gente habla unos de otros y te encuentras atrapado en medio de ello si no estableces límites. Eso es exactamente lo que hacen las personas mentalmente fuertes. Son responsables ante sí mismos y ante los demás, por lo que la gente sabe que no deben cruzar la línea alrededor de ellos. En una situación como esta, hay muchas opciones diferentes que puedes tomar. Sin embargo, debes ser el juez y animar a tu primo a ser resiliente. Anímalo a no dejar que las opiniones de otras personas sobre él o ella lo detengan de ser la mejor persona que pueda ser. Y, si la razón por la que no es agradable es por una falla personal, siempre puedes llamar amablemente su atención sobre el asunto.

Escenarios de dinero

¡Dinero, dinero, dinero! El dinero es algo que todos deseamos tener más. Y es algo con lo que muchas personas luchan. Muchos problemas de dinero surgen del hecho de que las personas no pueden ser disciplinadas y mentalmente fuertes con sus finanzas. En estos escenarios, podrás averiguar o pensar cómo manejar los problemas de dinero. También podrás ver cómo puedes ejercitar algunas de las cualidades de la fortaleza mental para obtener el resultado más favorable.

Escenario 1

Actualmente estás en un presupuesto. Sin embargo, hay un dispositivo moderno increíble que debes tener. Está en venta, y la venta es limitada. Sientes que esta venta nunca volverá a ocurrir. Entonces, rompes tu presupuesto y derrochas en el dispositivo. ¿Qué debes hacer una vez que llegues a casa con el dispositivo?

- A.
    Deberías devolverlo por remordimiento del comprador. Luego, coloca el dinero que recibes de vuelta en tu cuenta bancaria. Esta vez, cuando pongas el dinero de vuelta en tu cuenta bancaria, no lo tocarás a menos que sea según tu presupuesto.
- B.
    Deberías intentar vender el gadget por un precio más alto del que lo compraste. Luego, trata de recuperar algo del dinero y utiliza las ganancias para comprar un gadget diferente.
- C.
    Deberías disfrutarlo. Solo porque estés ajustado de dinero no significa que no puedas disfrutar de vez en cuando.
- D.
    Disfruta de la compra y vuelve a la normalidad con el siguiente problema.

Perspectiva: Los problemas de dinero pueden

causar un nivel de incomodidad. De hecho, pueden provocar un nivel extremo de malestar. No tener dinero nunca es divertido. Sin embargo, para salir de una situación difícil, debes estar dispuesto a pasar por momentos incómodos. En la psicología militar y deportiva, existe un principio que dice que no debes optar por atajos para obtener gratificación instantánea. En una situación como esta, dependiendo de lo grave de la necesidad financiera, tal vez quieras considerar devolver la compra para recuperar tu dinero y simplemente posponer tu gratificación por más tiempo. O también puedes seguir un principio de la psicología del arte marcial que habla de retomar el rumbo después de cometer un error. La elección es tuya.

Escenario 2

Alguien que te debe dinero te pide Prestarte un poco más. Esta vez, la cantidad que quieren pedir prestado es mayor que la cantidad original que pidieron prestada. ¿Qué deberías hacer?

    A.
Deberías intentar preguntarles sobre el dinero que te deben antes de prestarles el dinero.

    B.
Di que sí y déjales saber que cuando te paguen, les devolverás también el otro dinero.

    C.
Si realmente necesitan el dinero, se

lo puedes dar, pero si no necesitan el dinero, entonces no se lo des.

D. Simplemente di que no. Bloquea su número de teléfono e ignora toda correspondencia de ellos hasta que te devuelvan tu dinero.

Visión: Es importante ver lo mejor en las personas, pero también es importante ser realista según la psicología militar. En una situación como esta, solo puedes juzgar a alguien en función de lo que te han mostrado. Sin embargo, también existe un dicho en la psicología mental que dice que debes dejar que el pasado sea el pasado. Si les das dinero y no te lo devuelven, debes estar bien con eso. Si te devuelven el dinero y te pagan de vuelta más un poco extra, también tienes que estar bien con eso. Cualquier decisión que tomes, quieres asegurarte de que esté alineada con lo que quieres hacer en tus metas personales y que darle dinero a otra persona no te ponga en aprietos.

Escenario 3

Tus amigos están planeando un viaje y no tienes dinero para ir, pero realmente, realmente quieres ir porque has estado deseando ir a este lugar. Piensas que deberías posponer tu gratificación para ahorrar para otras cosas, pero esta es una oportunidad única en la vida y no quieres perdértela. ¿Qué deberías hacer?

A.
Deberías trabajar horas extras y perder tiempo familiar hasta que tengas los fondos, para que puedas realizar este increíble viaje.

B.
Deberías simplemente olvidarte del viaje y pedirles que te envíen fotos. También deberías evitar la tentación al salirte del grupo sobre el viaje.

C.
Deberías ir y simplemente resolver la situación difícil cuando regreses a tiempo. Todo trabajo y nada de diversión no es divertido.

D.
Puedes sacar un préstamo de un préstamo de día de pago o pedir prestado el dinero a un amigo o familiar y devolverlo una vez que lo obtengas.

Visión: La gratificación demorada es un componente importante de ser mentalmente fuerte en todos los tipos de psicología. Por otro lado, la familia es algo que muchas personas valoran en una situación como esta, tienes que determinar si el viaje vale más que tus metas a largo plazo. Incluso si no puedes hacer el viaje, quizás hay algo más que puedas hacer. Sin embargo, si decides hacer el viaje, debes asegurarte de encontrar una manera de cubrir tus gastos sin comprometer tus metas a largo plazo. Si hay una forma de hacer ambas cosas, quizás el viaje sea posible. Si no, es posible que tengas que decir que no.

Escenarios del día a día

La vida trae muchas situaciones que son problemáticas. Las decepciones diarias pueden ser frustrantes y desgastarte lentamente. A veces, los escenarios son tan breves, que uno se pregunta si debería abordarlos o no. A veces, tienes que decidir si quieres abordar el problema que te está molestando o dejarlo pasar. A menudo, tu reacción a este tipo de situaciones no tiene ninguna apariencia de fortaleza mental y depende más de cómo te sientes en el día. Los escenarios y esta sección cubren cosas aleatorias que nos pueden pasar a todos, pero las personas mentalmente fuertes reaccionan a estas situaciones de manera diferente que la persona promedio.

Escenario 1

En medio del tráfico, alguien te hace una mala pasada. Esta persona ha estado siguiéndote todo el tiempo desde que tomaste la autopista. ¡Oh, sí, has tenido un día muy difícil! ¿Cómo deberías manejar esta situación?

    A.

    Debes ignorarlos y continuar conduciendo.

    B.

    Deberías acercarte mucho y hacerles lo mismo.

    C.

    Debes enfocarte en la música que

estás escuchando para sacar de tu mente el desagrado que sientes.

D. Deberías tratar de ser amable y ayudarles a entender qué está sucediendo. O puedes informarles a la policía.

Visión: Las personas mentalmente fuertes manejan a conductores locos de una manera diferente a como lo hacen las personas no mentalmente fuertes. Un principio de ser mentalmente fuerte es ser consciente de uno mismo. Mientras que la furia en la carretera nunca está justificada, ¿estás conduciendo bien? ¿Estás siguiendo las normas de tráfico? Si es así, deberías enfocarte en lo que puedes controlar e ignorar todo lo demás. A veces, saber qué batallas luchar es muy importante y dejar el pasado atrás es aún más importante. Si puedes llegar a tu destino sin ningún daño, peligro o preocupación, entonces quizás no hay razón para preocuparse por el momento de disgusto pasajero.

Escenario 2

Hay una persona grosera en tu tienda de conveniencia favorita. Cada vez que los ves, son groseros. Hoy tuviste un día especialmente difícil, y ellos continúan con sus modos groseros. ¿Qué deberías hacer?

    A.

Deberías dejar que sean groseros y apresurarte con tu transacción, así no tendrás que lidiar con ellos.

    B.

Debes hacerle saber al gerente. Diles que cada vez que visitas la tienda, actúan de esta manera.

    C.

Deberías dejar comentarios en una encuesta en la parte de atrás de tu recibo. También deberías dejar un reporte online muy crítico.

    D.

Deberías seguir matándolos con amabilidad. Solo son unos pocos segundos de tu vida con los que tienes que lidiar con ellos.

Visión: Lidiar con personas groseras es algo que todos hemos experimentado, y todos tenemos problemas con eso. Bueno, tal vez estoy hablando por mí mismo. Pero en una situación como esta, lo mejor sería aplicar un principio de la psicología de las artes marciales. Y eso es ser disciplinado con tu lengua. Existe una forma de dirigirse a las personas haciéndolas sentir empoderadas y respetadas mientras haces saber tu punto de vista en una situación como esta. Debes asegurarte de usar tu lengua sabiamente para evitar que la situación empeore aún más.

Escenario 3

Alguien está haciendo la manía de mascota que detestas. Has pedido a esta persona varias veces que deje de hacer la manía, pero se niegan. ¿Qué deberías hacer para manejar esta situación?

- A.
   Por favor repíteles que están haciendo lo que odias y consigue que lo dejen de hacer.
- B.
   Ve y diles que lo dejen.
- C.
   Evita estar cerca de ellos para que no tengas que lidiar con eso.
- D.
   Practica tus habilidades de manejo del estrés y diles amablemente que paren. Luego, sigue con tus asuntos ya sea que paren o no.

Visión: Cuando las personas activan tus botones al hacer una manía que odias, puede ser difícil contener la lengua o reaccionar de manera favorable. Una parte de ser fuerte mentalmente es mantener la calma en medio de la incomodidad, pero manejarlo con gracia y determinación para poder salir de la situación ileso según la psicología militar. Sea lo que sea que hagas en esta situación, querrás asegurarte de enfrentar el problema directamente y de manera respetuosa. En última instancia, querrás sopesar tu reacción ante el panorama completo siendo consciente de ti mismo para determinar si vale la pena librar esa batalla o no.

Visualizando escenarios cotidianos.

Ahora, ¡es tu turno! En algunas situaciones, no hay nada que puedas hacer para prepararte. Simplemente tienes que esperar que tu músculo de fortaleza mental haya sido afinado para manejar la situación. Algunos consejos a tener en cuenta al manejar situaciones para las que no estás preparado:

- Se consciente de ti mismo. No puedes subestimar la importancia de ser consciente de uno mismo en situaciones. A veces, estás tan molesto con otra persona, que olvidas recordar que eres la causa del problema. Si eres consciente de ti mismo, eres capaz de entender rápidamente todas las piezas en movimiento de una situación compleja y estar más inclinado a tomar la mejor decisión.

- No seas un llorón. Además del

hecho de que a la mayoría de las personas no les gusta un llorón, si solo te quejas de una situación desfavorable cuando te sucede a ti, estarás demasiado ocupado en la fiesta de lástima que no estás afrontando el problema. Al enfrentar el problema directa y frontalmente, tienes una mejor oportunidad de obtener los resultados que deseas. Incluso si no obtienes los resultados que deseas, al enfrentar el problema directamente, puedes abordar el problema y poner tu atención en cosas más importantes en las que estás interesado.

- Asegúrate de que tus expectativas sean flexibles. A veces, las cosas no siempre suceden de la manera que queremos, así que trata de adaptarte y responder de manera rápida, para que puedas seguir adelante. Recuerda, el hecho de tener que cambiar tus expectativas no significa que seas un fracaso. Simplemente significa que eres receptivo y sabes manejar los imprevistos que la vida te presenta. Y por si se te olvidó, ser receptivo a las situaciones es una clara señal de fortaleza mental.

- Transforma tus pensamientos negativos. Un sabio una vez dijo que todas las cosas buenas que suceden no son buenas y todas las cosas malas que suceden no son malas. Esto significa que necesitas aprender a ver lo bueno en situaciones negativas. Cuando despojas todas las capas de una situación negativa, ¿cuáles son las gemas positivas escondidas en lo más profundo?

- Mantente tranquilo bajo presión. El dicho dice que la presión rompe tuberías o crea diamantes. Cuando estás tranquilo bajo presión, solo permites que tu mente esté lo más clara posible para tomar la decisión más efectiva posible. Consejos comunes para mantener la calma bajo presión incluyen respirar dentro y fuera en situaciones estresantes y contar hasta diez antes de responder a cualquier cosa.

- Sé ético y valiente. Las personas mentalmente fuertes son valientes. Cuando pensamos en nuestros líderes más famosos, muchos de ellos tenían la fortaleza mental y no tenían miedo de tomar una postura por algo en lo que creían. Tampoco tenían miedo de tomar una postura incluso cuando otras personas no lo estaban haciendo. A menudo, la parte ética es pasada por alto, pero las personas mentalmente fuertes saben que pueden tratar a los demás como les gustaría ser tratados y lograr lo que quieren al mismo tiempo.

- Cuando estés manejando situaciones, asegúrate de que tu reacción se alinee con tus objetivos y valores. No tienes que hacer algo porque te sientas presionado. No temas decir que no, ya que puede ayudarte a alinearte con tus verdaderos objetivos y propósito en la vida si una decisión no es adecuada para ti.

- No te sientas abrumado cuando te dispones a volverte mentalmente más fuerte. La mejor parte de cualquier tarea grande es que puedes desglosar las tareas difíciles poco a poco. Puede que no manejes una cosa enorme de una sola vez, pero puedes manejar una cosa enorme paso a paso o un poco a la vez.

- Es muy importante tener en cuenta tus ejercicios de visualización cuando intentas manejar escenarios que requieren que seas mentalmente fuerte. Si algo sigue ocurriendo una y otra vez, medita y escribe en un diario sobre la situación. Luego, visualiza tu reacción ante ella y el resultado que deseas que ocurra para que cuando se presente la situación puedas manejarla bien. Recuerda ser lo más detallado posible en tu visualización para obtener los resultados más favorables.

¡Y ahí lo tienes! Estos escenarios te dan la oportunidad de practicar tu musculo de resistencia mental y te pueden preparar para cualquier situación difícil que ocurra en la vida. Creemos en ti y sabemos que puedes ser mentalmente fuerte ¡Mucho éxito!

Conclusión

¡Gracias por llegar hasta el final de la Fortaleza Mental! Esperemos que haya sido informativo y capaz de proporcionarte todas las herramientas que necesitas para alcanzar tus metas, cualesquiera que estas sean.

El siguiente paso es prepararse para su nuevo camino hacia la fortaleza mental. Ahora tiene todas las herramientas que necesita para ser fuerte en la mente. ¡Ahora, maximícelas lo mejor que pueda!

¿Necesitas crear un sistema de apoyo o comunicarte con un terapeuta? ¡Hazlo! ¿Necesitas comprar un diario para empezar a notar tus tendencias y patrones? Entonces, ¡hazlo! ¿Necesitas crear tu declaración de misiones 'por qué'? ¡Hazlo! No hay razón para que no seas mentalmente fuerte. No más procrastinación. ¡Empieza tan pronto como dejes este libro!

www.ingramcontent.com/pod-product-compliance
Lightning Source LLC
Chambersburg PA
CBHW071725020426
42333CB00017B/2389